L'Oracle des peuples GALACTIQUES

Illustrations: © Anatole Kerbrat.
Maquette et mise en pages:
Marie Brosseau – PCA-CMB.

ISBN: 978-2-36188-874-9

Imprimé en Chine.

www.editions-tredaniel.com
info@guytredaniel.fr
www.facebook.com/tredanieleso
@tredaniel_eso

Anatole Kerbrat

L'Oracle des peuples GALACTIQUES

ÉDITIONS
EXERGUE
27, rue des Grands-Augustins
75006 Paris

SOMMAIRE

SIGNIFICATION ET MESSAGES DES CARTES

PRÉSENTATION

Depuis tout petit, Anatole a la tête dans les étoiles. Observant le ciel nocturne avec attention, il affirme déjà à sa mère que des peuples vivent sur d'autres planètes que la nôtre.

Son rêve de petit garçon? Se faire enlever par les extraterrestres!

Anatole se trouve différent des autres enfants de son âge. Dès ses premiers pas en maternelle, il sent un profond appel pour la prêtrise, puis, au gré du temps, jette son dévolu sur la fonction de moine bouddhiste.

Il grandit et se passionne pour les films de science-fiction, surtout ceux qui traitent de la possibilité de se déplacer à sa guise dans l'espace. Puis il entreprend des recherches sur le sujet des galactiques et des phénomènes ovnis.

Il sait au plus profond de lui que toutes ces connaissances servent un but bien précis. Mais le temps passe et rien ne semble lui indiquer de quoi il s'agit. À l'époque, son travail est alimentaire et il ne s'épanouit pas.

Et puis, une nuit d'hiver, alors qu'il entame la trentaine, Anatole fait un rêve clair et puissant qui change le cours de sa vie.

Dans ce songe, aux airs de réalité incontestable, il se trouve sur une planète désertique qui ressemble à s'y méprendre à la planète Mars. Derrière lui, il distingue une grotte dotée d'un immense escalier en colimaçon.

Il engage son ascension et, parvenu à son point culminant, apparaît devant lui un imposant gorille blanc mesurant environ quatre mètres de hauteur.

Ce gorille s'approche de lui et le mène à un sanctuaire dans lequel brillent les flammes d'une bonne centaine de bougies. Devant un autel se tient un second être galactique dont la forme étrange est comparable à celle d'un centaure avec une tête de félin. Celui-ci s'adresse à Anatole : « Enfin te voilà ! Je sais que tu es un peu perdu mais tu vas très vite comprendre ce qui t'arrive et pourquoi tu es ici, nous allons quitter cette dimension pour retourner sur la Terre. » En une fraction de seconde, les voici tous les deux projetés dans la maison d'enfance d'Anatole à Landerneau, dans le Finistère.

Le galactique à la tête de chat se métamorphose en jeune fille à la beauté éblouissante.

Un sentiment de dévotion incontrôlable et inexplicable s'empare d'Anatole. Ils s'attablent tous deux et, une fois le repas terminé, la splendide jeune femme l'avertit qu'elle doit le quitter pour rejoindre sa dimension.

Profondément peiné par cette annonce, Anatole réplique: «Tu ne peux pas m'abandonner, je serai perdu sans toi», La jeune femme le rassure: «Ne t'inquiète pas, à partir de maintenant, ta vie va changer et sache que je serai toujours avec toi!»

Le lendemain même de ce rêve, et sans aucune formation ni compétence informatique, il fonde «Rayonnance TV».

Anatole quitte le milieu professionnel dans lequel il évolue à l'époque et se consacre à ce projet.

La web-TV créée prend rapidement de l'ampleur, et si dans les premiers temps Anatole traite de nombreux sujets spirituels, les mois passant, il reçoit de plus en plus d'intervenants qui témoignent de leurs expériences et connaissances du domaine galactique.

Portant la casquette d'animateur, il recueille les enseignements et les récits de ces enseignants galactiques. Un peuple en particulier le fait vibrer de tout son être et attire son attention: celui des Urmahs. Ces grands êtres qui se présentent sous une apparence féline.

En novembre 2022, et sans aucune attente, Anatole expérimente une première connexion avec eux. Il visualise alors un monde magnifique ! Avec une montagne et deux immenses cascades qui jaillissent d'elle. À ses côtés, un pont en cristal mène à une cité en contrebas où se dresse une multitude de maisons parées d'or.

Au bout de ce pont se postent deux gardiens félins protégeant une grotte et portant chacun une armure et une lance dont l'extrémité est surmontée de cristaux. Quand il s'avance vers eux, les gardes lui signifient leur respect en se mettant au garde-à-vous.

Dans cette grotte, l'attendent neuf sages Urmahs, formant un demi-arc de cercle. Par télépathie, ils lui indiquent qu'il fait partie d'une vague de volontaires incarnés en cette période charnière de révélations pour ouvrir les portes de la conscience d'autres existences que celle purement terrestre.

Quelques jours plus tard survient un nouveau voyage en terres galactiques qui a cette fois pour objectif de le rassurer sur le bien-fondé et la pérennité du tournant qui s'opère pour lui.

Au coucher, avant de plonger dans les bras de Morphée, un mot revient en boucle: « Omshakya ». Anatole se creuse la tête pendant des semaines, il tente d'en comprendre le sens, jusqu'à ce que la réponse vienne d'elle-même. « Omshakya » est le nom de son guide galactique Urmah.

À partir de ce moment-là, Anatole se saisit du clavier de son ordinateur pour y reporter tout ce qu'il reçoit d'informations sur les mondes galactiques qu'il canalise. Si l'histoire de ces peuples et leurs styles de vie sont ce qui compose la plupart de ces communications, un beau jour, on lui souffle l'idée de créer l'oracle que vous tenez entre vos mains.

Un oracle entièrement canalisé, qui a été conçu afin que vous puisiez dans les énergies galactiques toutes les réponses qui pourront vous guider dans la meilleure réalisation de votre chemin de vie. Ces cartes vous aideront à répondre à des questionnements intérieurs restés en suspens jusqu'alors. À travers ces 53 cartes mises en images par Anatole, connectez-vous à la puissance des peuples galactiques et à votre multidimensionnalité.

MÉTHODES DE TIRAGE

Je vous invite à laisser libre cours à vos ressentis lors des tirages que vous serez amené à effectuer avec cet oracle galactique. Cela commence par le choix ou non d'instaurer un rituel post-tirage (brûler de l'encens, allumer une bougie, réciter une prière ou placer l'oracle contre son cœur, par exemple). Vous pouvez tout aussi bien inventer votre propre méthode, vous inspirer de celles que vous affectionnez déjà, ou suivre les 4 méthodes de tirages que je vous propose ci-dessous. Les guides galactiques vous recommandent néanmoins, et ce, peu importe la méthode de tirage choisie, de vous fier à votre intuition et à vos ressentis, qui sont facilitateurs de connexion avec eux.

LE TIRAGE DE LA FAMILLE GALACTIQUE

Il n'a pas vocation à répondre à une interrogation ou à une question précise, mais à vous reconnecter à la famille galactique à laquelle vous appartenez et/ou à identifier à quel peuple faire appel dans ce moment précis de votre vie. Pour cela, nul besoin de procéder au mélange préalable des cartes et de les étaler faces cachées. Disposez-les simplement en face de vous et posez votre intention de manière à entrer en connexion avec le peuple qui est représenté sur chacune d'elles.

Voyez sur laquelle votre attirance du cœur se posera en premier lieu. N'hésitez pas à faire appel à l'énergie de ce peuple pour qu'il vous accompagne dans votre chemin de vie terrestre.

LE TIRAGE JOURNALIER

Mélangez les cartes et tirez-en une « au hasard ». Vous pouvez pour cela étaler les cartes en éventail face à vous, piocher dans le tas ou consulter le dos de deck (dernière carte dont l'on découvre la face une fois le paquet retourné). Cette méthode a pour but de vous apporter le message du jour et/ou du moment, celui que vous avez besoin d'entendre sur l'instant. À répéter tous les jours ou plus occasionnellement lorsque le besoin s'en fait ressentir.

LE TIRAGE POUR UNE QUESTION PRÉCISE

Concentrez-vous sur votre question et sélectionnez 2 cartes, posez-les devant vous, faces cachées, et retournez-les (les cartes se lisent par deux). La première carte vous informe sur l'état d'esprit que vous adoptez face à ce questionnement, la deuxième carte vous apporte la réponse à votre question. Une nouvelle fois, faites jouer votre intuition qui vous permettra d'en décoder la signification plus en profondeur et avec plus de précision.

LE TIRAGE GALACTIQUE

Utilisant les bases de la méthode du tirage en croix, placez 2 cartes à droite (les atouts à votre question), 2 cartes à gauche (ce que vous devez accomplir pour y arriver), 2 cartes en bas (qui seront la réponse à votre question), et 1 carte en haut (qui fera la synthèse de votre tirage). Les cartes (sauf celle de la synthèse) se lisent par deux. Votre intuition vous guidera afin que vous fassiez le lien entre elles et que vous en révéliez le message.

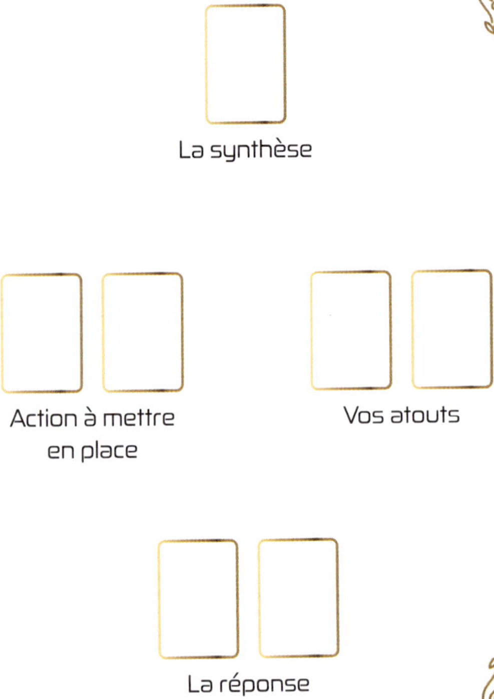
La synthèse
Action à mettre en place
Vos atouts
La réponse

SIGNIFICATION ET MESSAGES DES CARTES

1. LE SOLEIL CENTRAL

Carte du Divin, elle est la plus positive de cet oracle. Si elle se présente à vous, elle amplifie le caractère positif et atténue le caractère négatif des cartes avoisinantes. Comme la lumière éclaire l'ombre.

2. L'HOMME

Cette carte représente le consultant ou son conjoint, père, frère, fils, ami proche masculin...

3. LA FEMME

Cette carte représente la consultante ou sa conjointe, mère, sœur, fille, amie proche féminine...

4. L'HORLOGE

Temps ▲ Lenteur ▲ Attente ▲ Rapidité

SIGNIFICATION

Représente le temps qui passe. Pour une période de six mois maximum. Annonce un retard, un contretemps ou, au contraire, la rapidité d'un événement.

EXEMPLE

Si l'horloge est accompagnée de la carte de la Joie, vous pourrez en déduire que la rencontre attendue se fera rapidement. Si, en revanche, elle est à proximité de celle du Blocage, cela signifie que cette rencontre n'aura pas lieu.

5. LA DIRECTION

Libre arbitre ▴ Choix ▴ Décisions

SIGNIFICATION

Plusieurs voies s'offrent à vous et le champ des possibles est ouvert. L'univers vous accorde le libre arbitre quant à la décision qui sera la vôtre. Cependant, gardez en mémoire que seule compte la destination, qu'importe le chemin. Votre intuition est de mise, fiez-vous à vos ressentis.

6. LA MAISON

Foyer ▲ Harmonie

SIGNIFICATION

Vous avez besoin d'espace et de vous retrouver seul pour vous poser. Notre lieu d'habitation est une source de ressourcement et il est important qu'on s'y sente bien. L'intérieur d'un foyer reflète bien souvent notre état d'esprit intérieur. Plus les choses y sont en ordre et plus notre esprit sera clair. Elle est une invitation à faire de votre demeure un havre de paix. Ainsi, vous retrouverez une vibration harmonieuse.

7. LES TÉLOSIENS
La sagesse

Patience ▲ Humilité

QUI SONT LES TÉLOSIENS ?

Êtres de la 8e dimension, les Télosiens sont de grands sages spirituels qui vivent dans des temples où règnent le silence et la méditation. Ce peuple porte haut les valeurs de l'instant présent et de la vibration intérieure. L'introspection et le silence les aident à atteindre, avec facilité, la sagesse et l'éveil en les reliant à la source centrale.

MESSAGE

Posez-vous un instant et analysez la situation. Que ressentez-vous en cet instant? Est-ce votre cœur qui vous guide ou votre mental qui fait du bruit? Peut-être même une blessure de l'âme se manifeste-t-elle? Les Télosiens se présentent à vous comme un appel à la réflexion: pourquoi vivez-vous ceci actuellement? Quelle en est la source? Les Télosiens vous conseillent de rester dans la sagesse et la modération, en vous détachant le plus possible de l'aspect émotionnel dans l'analyse de cet événement.

8. LES XÉLUVIENS
La paix

Calme ▲ Tranquillité

QUI SONT LES XÉLUVIENS ?

Êtres de la 8e dimension, les bienveillants Xéluviens évoluent dans des mondes très reculés de notre galaxie. Ils habitent dans des sanctuaires faits de cristaux. Leur immense paix intérieure et leur grande connaissance de l'extrasensoriel en font d'excellents enseignants pour des peuples de la 5e dimension.

MESSAGE

Après le calme, la tempête. Vous sortez d'un conflit qui dure depuis un bon moment. Les Xéluviens vous encouragent à retrouver harmonie et paix intérieure de sorte que votre être bénéficie d'une tranquillité toute nouvelle au quotidien. Il arrive que les épreuves se présentent à nous pour que nous gagnions en maturité et en compréhension. Les moments de tranquillité, quant à eux, apaisent notre forme et régénèrent nos cellules. En tant qu'êtres incarnés, nous ne pouvons rester en permanence dans un état de tranquillité. Nous éprouvons toutes sortes d'émotions qui nous font évoluer. Les Xéluviens nous invitent à accueillir les tumultes de l'existence avec plus de sérénité en nous reconnectant à notre part divine.

9. LES ABÉLIANS
La richesse

Argent ▴ Abondance ▴ Surprises

QUI SONT LES ABÉLIANS ?

Êtres de la 5e dimension, les Abélians sont les principaux diplomates de l'alliance galactique. Peuple aristocratique, leur monde est un mélange des styles médiéval et moderne. Ils prônent le respect pour tous, et pratiquent le commerce de minéraux énergétiques qu'ils distribuent aux peuples appartenant aux 5e et 8e dimensions.

MESSAGE

La richesse revêt bien des aspects, car si l'abondance peut être financière, elle peut aussi se présenter sous une forme immatérielle. Que l'abondance soit présente ou non dans votre vie, les Abélians vous annoncent de grands changements à venir dont le sens dépendra des cartes avoisinantes. Les Abélians ont à cœur de faire changer notre point de vue, somme toute très humain, concernant notre rapport à l'argent, et à la notion de réussite liée à ce que nous pourrions obtenir dans tel ou tel domaine de notre vie.

10. L'EMPIRE D'ILDRAESS

L'espoir

Envie ▲ Aspiration

QU'EST-CE QUE L'EMPIRE D'ILDRAESS ?

Composé d'êtres de la 4e dimension, l'empire d'Ildraess dirige pas moins de 1200 systèmes exclusivement féminins. Leur peuple a vécu une guerre civile à l'issue dramatique qui les fit changer de gouvernance, laissant aux femmes le pouvoir exclusif dans tous les domaines gouvernementaux.

Par cette décision, leur empire a gagné en force et en beauté. L'or et l'améthyste sont les principaux matériaux dont ils usent pour leur construction architecturale et artistique.

MESSAGE

Vous êtes dans l'espoir que quelque chose se réalise et éventuellement dans l'attente que cette chose se produise sans tarder. De l'espoir naît parfois le désespoir car à force de trop attendre de la vie, on finit par être déçu. L'empire d'Ildraess vous invite à ne pas rester dans le feu de l'attente et à saisir les opportunités qui vous amèneront à ce qui vous fait vibrer profondément. Il est bon de se laisser aller à la rêverie, mais il faut aussi savoir se mettre en action dans la matière. Interrogez-vous sur ce qui pourrait vous retenir, et laissez s'envoler les sentiments de peur et de doute qui n'ont pas lieu d'être. Ainsi, vos désirs pourront devenir réalité.

11. LE CONSENSSIUS X-67
La concrétisation

Aboutissement ▴ Réalisation

QU'EST-CE QUE LE CONSENSSIUS X-67 ?

Les êtres robotiques du Consenssius X-67 sont au service de l'alliance galactique et en charge de tout ce qui touche au maintien de l'ordre. C'est un regroupement de robots bienveillants, imposants et extraordinairement intelligents qui pensent par eux-mêmes tout en ayant une personnalité qui leur est propre.

Leur création, par un peuple qui avait besoin d'une nouvelle force de frappe et de combat pour se défendre, remonte à des millions d'années. Ils font preuve de détermination et ne s'arrêtent qu'une fois leur mission terminée.

MESSAGE

Vous êtes de ces personnes qui ont traversé moult épreuves et vous avez dû vous battre pour atteindre vos objectifs. Vous avez su écouter votre intuition et vous avez trouvé la force et le courage de dépasser vos peurs. Les êtres robotiques vous incitent à ressentir profondément la joie que vous éprouvez actuellement et à vous féliciter pour le chemin que vous avez parcouru! Les êtres robotiques vous recommandent de ne jamais oublier cet état de libération intense qui suit le dépassement des difficultés afin que vous le mettiez à profit dans les moments les plus complexes qui jalonneront votre vie. Ne doutez plus, vous avez déjà tant surmonté! Et vous êtes toujours là!

12. LES ZANS
La joie

Épanouissement ▴ Humour

QUI SONT LES ZANS ?

Êtres de la 20e dimension, envoyés par les membres du Soleil central, un représentant de leur peuple est présent sur chaque planète que compte l'univers. Leur mission : réguler l'énergie de l'univers et garder élevé le taux vibratoire de la planète qu'ils habitent. Ils sont en communication permanente entre eux, comme s'ils ne formaient qu'une seule et même conscience grâce à leur pouvoir de télépathie. Ils envoient une énergie de joie et d'amour dont ils font bénéficier leur planète qui s'alimente de ce taux vibratoire.

MESSAGE

Vous expérimentez enfin la joie de vivre, la joie du cœur, et la joie de votre âme! Vous vibrez une telle énergie de bien-être qu'elle en devient contagieuse. Vous en faites d'ailleurs bénéficier votre entourage. Observez comme les choses s'apaisent dans votre vie, comme les conflits se font de plus en plus absents. Vous êtes un véritable boute-en-train. Cette joie retrouvée se présente à vous afin que vous puissiez la partager avec vos proches, leur faisant ressentir les bienfaits de ces hautes vibrations.

13. LES MAYAS
Le couple

Associations ▲ Fédérations

QUI SONT LES MAYAS ?

Êtres de la 5e dimension, portant le même nom que ce peuple d'Amérique centrale qui a vécu 2600 ans av. J.-C., les Mayas sont les représentants parfaits de ce que l'on appelle « le couple sacré ». Chez eux, l'union vibre dans sa plus haute énergie d'amour. Leur affection pour les Terriens est profonde ! Ils s'attachent à favoriser l'harmonie dans les relations de couple à travers la parole et la vibration sacrées des êtres.

MESSAGE

Cette carte fait référence à la notion d'union, qu'elle touche au domaine professionnel, amoureux ou spirituel. Les Mayas vous guident afin que vous vous reconnectiez à votre chakra cœur qui renferme les trésors des ressentis de votre âme et qu'ainsi le distinguo s'opère afin que vous fassiez la différence entre les associations qui vous élèvent et celles qui pourraient vous causer du tort.

14. LES OURKANDIAS
La communication

Parole ▴ Échanges ▴
Discussions ▴ Langage

QUI SONT LES OURKANDIAS ?

Êtres évoluant dans la 5e dimension, les Ourkandias pratiquent le commerce entre différentes planètes. Ils favorisent les échanges avec les peuples bienveillants, communicants et spirituels. Ce sont des sages spirituels qui enseignent à d'autres mondes de la 3e dimension tels que le nôtre. Au fil du temps, ils interagissent de plus en plus avec les Terriens, usant de la parole et nous inspirant, spécifiquement, par l'art-thérapie.

MESSAGE

Développez votre sens du relationnel. Ceci afin que vous nouiez des liens solides et que vous laissiez libre cours à l'expression de votre être à travers l'art de l'élocution. La parole est l'un de nos principaux outils de communication. Les Ourkandias vous invitent, par le biais de votre chakra gorge, à exprimer tout ce que votre être a besoin de communiquer sans que vous ne vous bridiez. Cela peut passer par d'autres moyens d'expression orale tels que le chant. Exprimez-vous en toute bienveillance, vous pourrez jouir de tous les bienfaits qui découleront de ces propos lumineux.

15. LES ZIRPAS
L'amitié

Fréquentations ▴ Autrui

QUI SONT LES ZIRPAS ?

Êtres de la 5e dimension, les Zirpas sont formés depuis longtemps à piloter les vaisseaux de l'alliance galactique. Dans leur monde prédominent les valeurs de l'amitié et de l'entraide qui leur sont enseignées dès leur plus jeune âge. Aucun de leurs membres n'est mis de côté et personne n'est placé au-dessus des autres. Ils avancent tous unis comme un seul être pour permettre à leur peuple d'évoluer dans l'abondance, l'entraide, et l'esprit communautaire.

MESSAGE

L'amitié tient une place de première importance dans votre vie. Les Zirpas vous conseillent d'être vigilant quant aux choix des personnes qui se tiennent à vos côtés. Nos amitiés reflètent bien souvent, tel un miroir, ce que nous sommes mais aussi ce que nous percevons de nous-mêmes. Pour bien choisir ses amis, il est donc primordial d'apprendre à bien se connaître. Que vous cherchiez à nouer de nouvelles relations ou qu'au contraire vous soyez fermé à cette idée (momentanément ou sur le long terme), les Zirpas vous signifient que les plus belles rencontres se créent parfois de façon tout à fait inattendue! Ce collègue qui ne vous a pas plu au premier abord pourrait bien devenir celui avec qui vous partagerez vos plus beaux fous rires!

16.
LES MELCHISÉDECHS
L'intelligence

Savoir ▲ Connaissance ▲
Avant-gardisme

QUI SONT LES MELCHISÉDECHS ?

Êtres de la 10e dimension, ils logent dans une immense pyramide de cristal située dans la constellation d'Orion (pour la percevoir, il faut vibrer dans une dimension 5D). Ce peuple compte et forme les plus grands maîtres spirituels. Leur processus d'initiation est long, rude, et peut durer plusieurs centaines d'années. L'intelligence du cœur est le savoir. La connaissance fait de ce peuple un puits de savoir extraordinaire, peu de personnes sur Terre ont la capacité de canaliser les Melchisédechs tant leur enseignement est puissant et hautement vibratoire.

MESSAGE

Vous savez comment mettre à profit votre intelligence pour surfer sur la vague de la vie, vous appréciez particulièrement les échanges intellectuels avec autrui, vous êtes avide de connaissances, vous êtes ce chercheur de vérité... Les Melchisédechs vous encouragent et vous accompagnent dans votre quête spirituelle et vous orientent dans le choix des connaissances que vous acquérez au fur et à mesure de votre parcours terrestre en vous dirigeant vers tout ce qui pourrait vous aider à élever votre âme. Ils vous suggèrent de vous connecter à vos annales akashiques galactiques qui vous mèneront à une fabuleuse compréhension de votre être.

17.
LES VINNITVARYS
La créativité

Art ▴ Expression ▴ Âme

QUI SONT LES VINNITVARYS ?

Êtres de la 8e dimension, surdoués dans tous les domaines artistiques, les Vinnitvarys aiment à nous inspirer en soufflant à notre âme de nouvelles idées précurseuses. Ils sont clairvoyants par essence, leur monde compte de nombreux médiums qui possèdent d'exceptionnelles facultés. Ils inspirent les peuples de la

5e dimension dans leur créativité, leur permettant d'exprimer leur plus belle version vibratoire.

MESSAGE

Vous avez tout en vous pour créer un nouveau paradigme dans votre vie. Les Vinnitvarys vous accompagnent énergétiquement pour que vous puissiez mettre à jour cette nouvelle expression de votre être en devenant l'artiste de votre propre existence. Eux-mêmes artistes accomplis, ils vous encouragent à prendre votre stylo ou votre pinceau si le cœur vous en dit. Ils vous inspireront dans votre processus créatif, vous invitant à danser avec votre conscience et votre âme.

18. LES SŒURS DES ÉTOILES

La jouissance

Joie ▴ Énergie ▴ Effervescence

QUI SONT LES SŒURS DES ÉTOILES ?

Êtres évoluant dans la 15e dimension, les Sœurs des étoiles sont les gardiennes de l'univers dont elles maintiennent les vibrations élevées. Androgynes et expertes en astrologie, elles vivent en communauté dans de grands monastères. Chacune d'entre elles apporte son talent à sa communauté.

MESSAGE

Vous vivez une grande période de jouissance dans votre vie ! Ressentez votre âme danser et scander qu'elle vous aime d'un amour inconditionnel ! Ressentez ce bonheur se manifester dans votre corps. Ce shoot de bien-être fait que vos corps énergétique et physique se régénèrent. Les Sœurs des étoiles vous enjoignent à vibrer la joie dans chaque instant qui compose votre incarnation, sans pour autant vous mettre en quête du seul plaisir immédiat qui vous éloignerait de cet objectif. Chaque seconde, chaque pensée, chaque regard est une voie dorée menant à l'allégresse.

19. LES ARCTURIENS
La guérison

Bien-être ▴ Maladie ▴ Santé

QUI SONT LES ARCTURIENS ?

Êtres vibrant en 8e dimension, les Arcturiens sont un peuple christique aux commandes de l'alliance galactique. Leur savoir, leur intelligence et leur vibration d'amour hautement spirituelle en font des êtres exceptionnels qui œuvrent avec d'autres peuples à ce que la planète Terre retrouve sa vibration d'antan et bascule en 5e dimension. Grands guérisseurs stellaires, ils guident de nombreux énergéticiens à travers le cosmos. Nombre d'enseignants spirituels qui vivent actuellement sur Terre ont des origines arcturiennes.

MESSAGE

Les Arcturiens vous accompagnent dans votre processus de guérison afin de vous purifier et de vous aider à transmuter toutes les énergies négatives, qu'elles résultent d'un malaise intérieur ou extérieur. Vous possédez le pouvoir de guérison et pouvez en faire bénéficier votre personne ainsi que votre entourage. Appuyez-vous sur les énergies des maîtres arcturiens pour vous délester de toutes les émotions négatives qui vous traversent. Et régénérez de ce fait vos cellules et vos corps physiques et éthériques.

20. LES URMAHS
La famille

Parents ▲ Ancêtres

QUI SONT LES URMAHS ?

Êtres de la 5e dimension, les Urmahs, qui appartiennent à la constellation de la Lyre, se présentent comme de grands félins. Protecteurs énergétiques des humains, peuple très proche de nous, ils se considèrent comme nos grands frères et sœurs de cœur. Ils vivent en communauté et la famille tient une place de première importance dans leur monde.

Leur credo pourrait être « l'union fait la force ». Ils nous invitent à rester centrés dans notre cœur de manière que nous dépassions les difficultés qui se présentent à nous.

MESSAGE

Les Urmahs vous indiquent que votre famille occupe vos pensées et qu'il est grand temps de vous rapprocher de votre cercle familial. Ils vous poussent également à ces réflexions : quelle est la famille qui importe véritablement pour moi ? La famille de sang ou la famille de cœur ? Est-ce que je tais ce que je suis véritablement pour plaire à mes parents ? Ai-je envie de fonder une famille ? Suis-je prêt à régler des dettes karmiques transgénérationnelles ?... Faites le point sur vos besoins.

21. LES NORDIQUES
Les enfants

Enfants ▲ Petits-enfants ▲
Neveux, nièces

QUI SONT LES NORDIQUES ?

Êtres aux cheveux blancs vibrant en 5e dimension et originaires de la constellation d'Orion, les Nordiques visitent régulièrement notre monde, et ce, depuis des milliers d'années. Faisant preuve d'une grande bienveillance envers les humains, ils sont la principale source d'inspiration de la mythologie nordique telle que nous la connaissons à travers nos contes et légendes. Leurs enfants, qui occupent une place très importante jusqu'à leurs vingt ans révolus, sont doués d'une telle capacité d'amour et de bienveillance que la personne la plus froide de notre Terre ne pourrait rester de marbre face à de pareilles vibrations.

MESSAGE

Les enfants illuminent nos vies! Une naissance est une grande source de bonheur dans notre existence. Mais la parentalité peut aussi se présenter comme une adversité selon la situation. Notre sens de la responsabilité, de l'écoute et de la compréhension est mis à l'épreuve. Les Nordiques vous invitent à reconsidérer votre rôle de parent, d'oncle, de tante, ou de grand-parent de sang ou de cœur, et à rééquilibrer vos pensées et vos envies dans ce rôle d'accompagnateur.

22. LES PLÉIADIENS
Le chemin de vie

Destinée ▴ Épreuve ▴
Reconnexion multidimensionnelle

QUI SONT LES PLÉIADIENS ?

Peuple de la 8e dimension, les Pléiadiens sont des nomades qui ont, durant des milliers d'années, parcouru la galaxie. Ils n'habitent pas des planètes mais des vaisseaux dont les dimensions peuvent atteindre parfois celles de la Lune! Peuple fondateur de l'alliance galactique, formidables enseignants spirituels, ils sont en communication avec un grand nombre de canaux sur Terre afin d'accompagner l'être humain dans sa quête de spiritualité.

MESSAGE

Votre chemin de vie a été tracé à l'avance par votre âme. Pourquoi chercher à tout prix à en connaître tous les tenants et aboutissants ? Si vous êtes là, ici et maintenant, c'est parce que votre âme veut que vous continuiez à avancer main dans la main avec elle. Les Pléiadiens vous conseillent de vous reconnecter à votre essence et à l'instant présent au moyen de votre chakra du plexus central. Par ce procédé, vous mettrez le doigt sur ce qui est véritablement bon pour vous.

Car pour « réussir » son chemin de vie et avancer sans peur et dans la foi, la seule boussole à suivre est celle de votre cœur.

23. SIRIUS
Le troisième œil

Médiumnité ▲ Capacités spirituelles

QUI SONT LES ÊTRES DE SIRIUS ?

Êtres de la 5e dimension, les galactiques de Sirius se font les hôtes de tous les peuples bienveillants de l'univers. Leur planète prend la forme d'une énorme porte multidimensionnelle qui permet de rejoindre, à l'envie, différents mondes de même vibration que la leur. Leur préférence en matière de Terriens se porte sur les individus qui sont doués de capacités extra-sensorielles leur permettant de guider leurs semblables vers leur propre lumière. Les êtres de Sirius, en plus de leur magnifique énergie d'amour, ont un très grand sens de l'humour. Le rire, la bonté et la bienveillance font partie intégrante de leur quotidien.

MESSAGE

Les galactiques de Sirius vous invitent à ouvrir votre troisième œil qui vous guidera dans votre parcours de vie. Nous sommes tous dotés de capacités extrasensorielles, bien que certaines ne se réveilleront pas dans cette présente incarnation. Notre troisième œil fait partie de notre héritage galactique, il est directement relié à notre âme et à notre intuition qui représente son premier palier d'ouverture. En activant votre troisième œil, vos prises de décision seront plus fluides. Vous pourrez, de surcroît, devenir un excellent conseil pour votre entourage.

24. LES LYRIENS
La multidimensionnalité

Reconnexion ▴ Spiritualité ▴
Développement de capacité

QUI SONT LES LYRIENS ?

Composé d'êtres de la 5e dimension, le peuple des Lyriens fut le premier à entrer dans l'histoire galactique à la suite d'une terrible guerre qui les opposa à l'Empire draconien. À la suite de ces affrontements, les Lyriens deviennent les membres fondateurs de l'alliance galactique qui enjoint tous les peuples bienveillants à s'unir les uns aux autres et à s'entraider pour faire front commun contre tous les peuples malveillants que comporte la galaxie. Ils connaissent bien notre système pour avoir vécu longtemps sur notre Terre... Il y a fort longtemps.

MESSAGE

Vous êtes de ces êtres venus tout droit des étoiles, communément appelés Starseeds, vous avez été envoyé pour aider l'humanité à ouvrir son cœur et à poser les pierres qui formeront les bases d'un monde nouveau. Vous êtes le bâtisseur d'un nouveau paradigme qui tend à ce que l'humanité puisse accéder à la 5e dimension! Artisan de lumière, vous comptez parmi ces rares personnes altruistes qui concourent à rendre ce monde meilleur. Les Lyriens vous accompagnent dans la diffusion de votre lumière faisant vibrer la plus belle énergie de votre cœur.

25.
LES ANDROMÉDIENS
Le repos

Détente ▲ Relaxation

QUI SONT LES ANDROMÉDIENS ?

Êtres passés en 5e dimension après avoir vécu pendant des milliers d'années, comme nous, dans une matrice de dualité, les Andromédiens ont traversé des bouleversements climatiques qui les ont amenés à changer leur mode de pensée et leur fonctionnement. La destruction partielle les a poussés, au fil des années, à revoir leurs priorités. La vibration du cœur, l'amour, le partage, l'entraide, la contemplation, l'instant présent sont devenus des valeurs de première importance dans leur existence. Depuis, ils sont de grands enseignants spirituels qui aident les humains à panser les blessures d'âme qui les entravent dans leur réalisation et leur quête de bonheur.

MESSAGE

Il y a un temps pour l'action et un autre pour le repos. Votre corps s'exprime à chaque instant de votre vie. Encore faut-il être à son écoute! Les Andromédiens vous poussent à une écoute plus attentive de votre santé physique et mentale. Une personne qui ne prend pas ses besoins en considération finira tôt ou tard par en subir les conséquences. Votre corps vous parle, écoutez-le. Peut-être avez-vous besoin de repos ou, au contraire, devriez-vous vous remettre en action. Ne laissez pas votre mental dicter votre vie, et tournez-vous vers vos intuitions!

26. LES ATLANTES
L'expérience

Apprentissages ▴ Observations

QUI SONT LES ATLANTES ?

Premier peuple multidimensionnel de haute évolution ayant foulé le sol terrestre et originaire d'Orion, les Atlantes, peuple de la 5e dimension, intégrèrent il y a de cela plusieurs milliers d'années des codes de lumière de haute volée. À force de démagogie, les Atlantes finirent par s'autodétruire, et seule une partie des êtres les plus évolués prirent la décision de rejoindre

Mintaka (la grande pyramide sur Orion) afin d'y faire perdurer leurs enseignements qu'ils prodiguèrent à différents peuples de l'univers, afin que la leçon de leur malheureuse expérience puisse servir à d'autres. On retrouve chez les Atlantes des êtres spirituellement très avancés.

MESSAGE

Les Atlantes vous conduisent à vivre tout ce que vous pouvez expérimenter comme étant un choix de votre âme. Il n'y a pas de bonne ou de mauvaise expérience, tout ce qui vous arrive sert deux objectifs bien précis: celui du plan de l'univers et celui de votre âme. Ne portez pas de jugement sur votre personne, ne vous reprochez pas ce que vous estimez être des échecs, et ne laissez pas l'ego prendre toute la place dans vos succès. La vie est un chemin semé d'expériences qui vous mène à la pleine compréhension de vous-même. Les Atlantes ont eux-mêmes vécu un âge doré et un âge plus sombre. La Terre est une planète de dualité dont l'expérience sert l'évolution.

27. LES ELOHIMS
L'inattendu

Surprises ▴ Synchronicités

QUI SONT LES ELOHIMS ?

Les Elohims, créés par les Annunakis, sont le premier peuple de la race terrienne. Leur histoire est fascinante et suprenante! D'abord créés pour tenir le rôle d'esclaves à la solde des Annunakis, ils se révolteront et deviendront le premier peuple souverain de la Terre, évoluant crescendo de la 5e, 10e, 15e dimension pour atteindre la 25e dimension. Nombre de personnages bibliques mais aussi hindous et bouddhistes sont issus du peuple des Elohims. Ils sont éminemment reconnus dans l'univers pour leurs enseignements qui sont à ce jour les plus sérieux et les plus puissants des mondes de la 3e à la 25e dimension.

MESSAGE

Tout comme les Elohims, qui n'auraient jamais cru un jour que leur destin changerait à tout jamais, laissez-vous surprendre par la vie, qui a toujours de belles choses à vous faire vivre, bien que le cadeau qu'elle vous offre à travers vos expériences soit parfois mal emballé. Ne restez pas figé dans des croyances ou des pensées limitantes. Rappelez-vous que même dans les situations les plus désespérées, la lumière jaillit au bout du tunnel. Les Elohims soulignent l'importance de toujours voir les choses du bon côté, car rien n'est jamais perdu! Gardez cette indéfectible foi en vous-même! Chacun d'entre nous a le pouvoir de changer les choses. Néanmoins, n'essayez pas de tout contrôler, laissez au contraire la vie vous offrir les opportunités dans l'inattendu! Car plus vous vous laisserez porter par le flux de la vie dans la confiance, et plus elle vous apportera sur un plateau d'argent tout ce dont vous avez besoin pour être heureux dans cette incarnation.

28. LES VÉNUSIENS
L'amour

Art ▲ Beauté

QUI SONT LES VÉNUSIENS ?

Êtres de la 5e dimension et habitants de la bien connue planète Vénus, les Vénusiens sont, par excellence, le peuple galactique qui représente le mieux l'amour et les arts! Seuls les humains profitent de leurs enseignements axés sur l'amour de soi. Leur histoire les a amenés à explorer toutes les facettes de l'amour, ils en maîtrisent toutes les clés d'évolution possibles. Les Vénusiens ont inspiré les Atlantes mais aussi la Grèce antique. Les artistes évoluant dans les domaines de l'art, de la musique, de la peinture et du théâtre ont puisé, sans en avoir conscience, une grande partie de leur inspiration auprès de ce peuple.

MESSAGE

L'amour est la chose la plus importante! C'est une vibration que nous connaissons dès notre plus jeune âge et qui nous accompagnera tout au long de notre vie terrestre au gré de nos expériences. Les Vénusiens, porte-parole de l'amour dans l'univers, vous invitent à suivre la voie de l'amour en le propageant autour de vous et en vous aimant avant tout. L'amour donne des ailes, il transporte la personne la plus sombre vers la plus grande des lumières, l'amour est l'espoir de l'univers et le lien qui nous relie tous à la source divine. Plus vous cultiverez l'amour, plus votre vibration dépassera les frontières terrestres pour rejoindre les confins de l'univers. Les Vénusiens nous avertissent toutefois: attention à ne pas vous perdre et à ne pas confondre amour inconditionnel et non-respect de soi, car aimer c'est aussi savoir poser ses limites.

29. LES HATORS
Le sommet

Réussite ▲ Élévation ▲ Concrétisation

QUI SONT LES HATORS ?

Êtres de la 8e dimension, ils ne se mélangent que très peu aux autres peuples de la galaxie. Inspirateurs et constructeurs des pyramides d'Égypte, ils ont aussi concouru à la création des divinités égyptiennes, en insufflant à Osiris, Isis et Horus des énergies venues tout droit d'Hators. Leur enseignement porte sur la reconnexion à notre part de divinité.

Ils aiment à nous observer grandir sur le plan vibratoire et espèrent que l'humanité en fera tout autant.

MESSAGE

Quelque chose est sur le point de se concrétiser. L'issue pourra en être positive comme négative selon les cartes qui l'accompagnent. Mais les Hators vous invitent surtout à vous questionner sur le pourquoi cela s'est produit. Ils ont grandement participé à la construction des pyramides égyptiennes. Et qu'est-ce qu'une pyramide, sinon une grande base solide qui diminue et monte petit à petit vers un sommet ? Plus vous construirez de bases pérennes dans vos projets, plus vous teinterez vos relations de cette même solidité, et plus vous atteindrez les sommets les plus élevés! Si, au contraire, vous construisez dans la précipitation, la peur et les angoisses, tout finira par s'écrouler à un moment donné.

30. LES MÉLARUS
La détermination

Aveuglement ▲ Volonté ▲
Acharnement

QUI SONT LES MÉLARUS ?

Êtres de la 15e dimension, ils furent durant des milliers d'années les représentants de la paix au sein de 10000 systèmes différents. Pensant à tort que les mondes qu'ils supervisaient évoluaient dans la paix et l'harmonie, ils ne soupçonnèrent pas que la corruption puisse s'installer parmi eux. Une guerre, qui causa des milliards de morts, se déclara dans la galaxie, exilant les Mélarus. Après moult années d'introspection, de transmutation, et à force de travail sur eux et d'ouverture de conscience, ils apprirent de leurs erreurs pour tout recommencer à zéro. Si le travail qu'ils fournirent fut long et rigoureux, ils sont aujourd'hui commandants des alliances galactiques et s'attachent à sécuriser les galaxies et les mondes afin que plus jamais aucun peuple n'ait à vivre de guerre galactique.

MESSAGE

Les Mélarus vous accompagnent dans la concrétisation de vos objectifs de vie. Ils vous questionnent sur ce que vous désirez réellement voir se réaliser. Mettez-vous vraiment tout en place pour y arriver ? Dans quelle énergie et dans quel but déployez-vous votre force de détermination ? Placez cette volonté au service du cœur et dans la bienveillance. Non seulement vos objectifs se réaliseront beaucoup plus vite mais vous n'infligerez pas à votre corps des vibrations de stress inutiles.

31. LES ANNUNAKIS
La manipulation

Personne toxique ▴ Manigance ▴
Vigilance

QUI SONT LES ANNUNAKIS ?

Évoluant dans une dimension inconnue, les Annunakis sont comparables à Lucifer, cet ange qui décida de passer dans l'ombre pour servir la lumière. Ce peuple passé maître dans l'art de la manipulation fut à l'origine de la création de nombreux mondes, dont celui de la planète Terre !

MESSAGE

Seriez-vous victime d'un manipulateur ou d'une personne toxique dans votre entourage? La présence des Annunakis vous demande de redoubler de vigilance et de ne faire confiance qu'à votre propre intuition pour démêler le vrai du faux et la réalité des faux-semblants. Personne ne vous connaît mieux que vous, fiez-vous à votre âme! Attention à ne pas vous voiler la face au sujet des autres, vous êtes votre propre souverain dans cette incarnation, personne n'a à vous diriger ou à vous dicter la façon dont vous devez vivre votre vie.

32. LES MANTIS
La trahison

Déception ▴ Mauvaise surprise

QUI SONT LES MANTIS ?

Êtres de la 4e dimension, les Mantis sont réputés pour être mesquins et méfiants. Ces grands insectes dotés d'une intelligence supérieure ont élu domicile dans d'immenses cités souterraines. Bien que leur besoin de conquête d'autres planètes soit diminué par rapport à ce qu'il a pu être, ils aiment à créer et à défaire des alliances lorsque leurs intérêts sont en jeu.

MESSAGE

Nous avons tous cette petite voix qui résonne au plus profond de nous et qui nous indique quand quelque chose est bon ou ne l'est pas. Cette petite voix est celle de notre âme. Bien souvent, par peur ou par manque de confiance en nous, nous ne l'écoutons pas, préférant nous persuader que c'est notre mental qui s'exprime. Le meilleur moyen de ne pas vivre la trahison est de vous faire confiance, au-delà des craintes que vous pourriez ressentir, et de faire preuve de discernement, car personne ne sait mieux que vous faire la distinction entre ce qui est acceptable ou préjudiciable... que votre propre personne. La trahison intervient toujours lorsque nous sommes émotionnellement dépendants de l'autre. « À trop attendre de l'autre, on finit irrémédiablement par être déçu. »

33. LE CLAN ARKÉNIAS
La flamme

Feu ▲ Addictions

QU'EST-CE QUE LE CLAN ARKÉNIAS ?

Peuple galactique vibrant en 3e dimension, le clan Arkénias fut un temps un peuple prospère et heureux habitant une planète comparable à celle de la Terre. Le roi qui était alors au pouvoir avait à cœur que son peuple se trouve dans la plus grande félicité possible. Lorsque la femme du roi vint à mourir, le bon roi épousa en secondes noces une femme qui voulut placer son propre fils sur le trône arkénian, niant les droits d'accession au pouvoir de la princesse légitime. Une forte rivalité se créa alors entre la fille du roi et le fils de la nouvelle reine, une guerre civile d'une ampleur inégalable dans l'univers éclata. La planète fut détruite à 70 % et consumée par les flammes. Depuis lors, le peuple autrefois uni d'Arkénias est devenu un clan à part entière.

MESSAGE

Un feu ardent brûle en vous, et chaque décision prise avec le mental et non avec le cœur pourrait ne pas avoir les conséquences positives souhaitées.

Cette carte peut avoir deux significations opposées. Lorsqu'elle se présente dans un tirage à polarité dite positive, elle en accentue ce caractère et appuie de la même manière le caractère négatif du tirage. Elle vous invite à la pondération! Prenez le temps de vous poser lorsqu'une situation critique se présente à vous et préférez la voie du cœur qui vous ramènera dans l'instant présent. La précipitation et l'impatience dans vos prises de décision pourraient vous mener droit dans le mur. Revenez au cœur de votre conscience. Ainsi, vous permettrez à votre âme de vous conduire à bonne destination.

34. LES AGARTHIENS

L'illusion

Naïveté ▲ Impossibilité

QUI SONT LES AGARTHIENS ?

Êtres de la 35e dimension, les Agarthiens, qu'on appelle aussi le « peuple de l'intra-terre », vécurent sur la surface de notre planète pendant des milliers d'années. Très en avance sur leur temps, ils développèrent des techniques astrales, et des dons de clairvoyance exceptionnels. À tel point qu'ils eurent la possibilité d'avoir accès à l'histoire passée et future de chaque peuple et au parcours de l'âme de chaque être au-delà même de ses précédentes et futures incarnations. Ils créèrent un monde parallèle à celui de la Terre afin d'échapper à l'espèce humaine qui était en pleine émergence. Des tunnels furent construits pour relier ces deux réalités. Mais ils furent détruits au fur et à mesure des conquêtes guerrières humaines.

MESSAGE

Cette carte nous parle de l'importance du discernement. Les Agarthiens vous engagent à vous reconnecter à vos propres perceptions et à ne plus chercher à l'extérieur une source d'évasion pour échapper à la réalité. Elle indique qu'il vous faut prendre conscience d'une certaine vérité quant à la situation qui vous préoccupe. Les Agarthiens sont là pour vous aider à vous reconnecter à votre intuition et à votre discernement et cela afin que vous poursuiviez votre chemin de vie dans la sérénité et la clarté de l'esprit.

35. LES PROCONIENS

Le lâcher-prise

Abandon ▲ Résistance

QUI SONT LES PROCONIENS ?

Êtres de la 5e dimension, les Proconiens furent en guerre, durant des milliers d'années, avec les peuples reptiliens. De violents combats les opposèrent qui eurent pour conséquence une grande défaite pour le peuple des Proconiens. Pour ne pas sombrer dans la peur et le désespoir, ils durent apprendre à lâcher prise. Devenus de grands maîtres en ce domaine, ils aident aujourd'hui les humains dans ce processus qui est une clé d'évolution essentielle. Ils nous encouragent à avancer toujours, et à composer avec l'adversité qui fait partie intégrante de notre parcours terrestre.

MESSAGE

Ayez confiance en votre destinée! Abandonnez-vous au flux de la vie sans chercher à tout contrôler. Les Proconiens vous assistent dans ce lâcher-prise de la vie et vous accompagnent sur la voie de votre destinée. Plus vous chercherez à contrôler les choses, plus elles vous échapperont. La véritable foi se trouve dans l'abandon à la vie. N'ayez pas peur de faire ces sauts dans l'inconnu car ils sont toujours accompagnés de grands cadeaux de la vie.

36. LES ZONGRIS
L'enfermement

Frustration ▴ Cloître ▴
Idées mélancoliques

QUI SONT LES ZONGRIS ?

Êtres de la 3e dimension, les Zongris contrôlent à ce jour 1200 planètes sur lesquelles ils font régner la terreur et l'intimidation. Prisonniers de leurs propres croyances, ils se sont persuadés qu'ils sont les maîtres de l'univers. C'est un peuple qui donne du fil à retordre à l'alliance galactique car son système de reproduction est très rapide. Les Zongris peuvent engendrer une horde de soldats très rapidement. Ils n'ont jamais souhaité évoluer et sont restés enfermés dans un système de pensée très limité.

MESSAGE

Il arrive que nous nous enfermions dans des vérités qui nous sont propres et que nous imaginons absolues. Le filtre de notre mental nous persuade que nous avons raison de croire en telle ou telle réalité, ce qui peut nous être préjudiciable lorsque cela touche à notre entourage. Les Zongris font preuve de mauvaise foi et ont tendance à se persuader qu'ils ont toujours raison en toute situation. Ne jouez pas à ce jeu et, au contraire, reconnectez-vous à votre chakra coronal, sans attendre.

37. LES DREKS
Le deuil

Mort ▴ Fin ▴ Expiration

QUI SONT LES DREKS ?

Êtres de la 5e dimension, les Dreks considèrent le décès comme un heureux voyage vers d'autres dimensions. Sur leur planète, chaque mort est célébrée par une grande fête rendant hommage à la mère divine qui accueille ses enfants pour qu'ils puissent de nouveau grandir dans d'autres univers. C'est un peuple bienveillant qui vit très simplement sur de petites îles. Ils se nourrissent principalement de poissons et de plantes.

MESSAGE

Cette carte n'indique pas forcément le deuil ou la perte d'un être cher, elle peut tout aussi bien vous signifier que quelque chose vient d'arriver à son terme dans votre chemin de vie et que votre âme a décidé d'y mettre fin pour votre évolution personnelle. Les Dreks vous invitent à considérer le deuil comme un élément faisant partie intégrante de la vie. Il n'y a pas de mort mais seulement un changement de dimension, de perception, de regard... Ne vous laissez pas gagner par un schéma de pensées négatives, tout naît et tout meurt pour mieux renaître ailleurs.

38.
LES DRANKARIENS
Les blocages

Peur ▲ Emprisonnement ▲ Confiance

QUI SONT LES DRANKARIENS ?

Êtres de la 3e dimension, peuple autrefois très prometteur sur le plan spirituel, ils vinrent à sombrer dans les sciences occultes de l'énergétique, créant des choses tellement horribles et destructrices dans leur énergie que même leur corps se modifia, laissant place à des êtres avec des visages sur lesquels on peut lire la haine et l'esprit de vengeance. Experts en alchimie cabalistique, en talisman néfaste, ce sont des sorciers qui se sont retrouvés bloqués dans des énergies si négatives qu'il leur faudrait aujourd'hui des millions d'années pour en sortir.

MESSAGE

Vous vous trouvez actuellement dans une situation qui vous bloque et à laquelle vous ne trouvez aucune issue. Ne rentrez pas dans le fonctionnement des Drankariens, « À cœur vaillant rien n'est impossible » ! Notre pensée est créatrice, ce n'est pas parce qu'une route est bloquée qu'on ne peut pas la contourner. Si vous vivez cet état en ce moment, c'est que votre âme vous invite à un jeu de labyrinthe intérieur pour vous faire travailler sur l'émergence d'un nouvel état de réflexion. Bien souvent, la solution se trouve devant nos yeux. Mettez votre mental au repos et reconnectez-vous à votre intuition. Elle vous guidera vers la sortie. Dites-vous bien qu'un problème n'est en réalité qu'une solution qui n'a pas encore été trouvée.

39. LES GREYS
La dualité

Chaud ▲ Froid

QUI SONT LES GREYS ?

Êtres de la 3e dimension, voici un peuple au destin tragique. Ils sont à l'origine pionniers et découvreurs de planètes. Une guerre avec les Alphas Draconiens les contraint à une modification génétique de leurs cellules qui eut pour conséquence leur assujettissement total à leurs ennemis. Aujourd'hui en prise avec une dualité profonde entre les notions de bien et de mal, une partie d'entre eux a pourtant réussi à se libérer du joug draconien pendant qu'une autre sert sans se poser de question toutes les demandes émises par les Draconiens, notamment celles consistant à modifier les branches ADN des peuples de la 3e dimension.

MESSAGE

Votre cœur balance et vous ne savez que faire dans cette situation bien particulière qui occupe toutes vos pensées. Au creux de votre âme se trouve la clé. Elle seule sait quelle voie emprunter. En réalité, votre intuition vous a déjà soufflé la réponse depuis longtemps, puisque tout est en vous. Simplement, vous ressentez de la peur et des doutes, et c'est bien normal! La dualité trouve un sens quand elle nous permet de peser le pour et le contre d'une situation. Les Greys vous incitent à visualiser la situation dans sa globalité et à recevoir, sans jugement et sans mental, ce qui émerge à ce moment-là: la solution adaptée à vos tracas.

40. LES AVIENS
La tristesse

Afflictions ▲ Chagrin

QUI SONT LES AVIENS ?

Êtres de la 8e dimension, les Aviens vécurent des milliers d'années dans des montagnes reculées, n'interagissant avec aucun autre peuple qui compose la galaxie. C'est à eux que l'on doit les chiffres et les nombres. Ils vécurent heureux jusqu'à ce qu'une guerre vienne bouleverser leur tranquillité. Des millions d'entre eux décédèrent dans des conditions dramatiques! La tristesse qui en résulta fit qu'ils prirent la difficile décision de quitter leur planète pour se diriger vers une nouvelle située au sein de la constellation de la Lyre. Forts de cette expérience, et « protecteurs des affligés », ils aident l'humanité mais aussi d'autres peuples à transmuter la tristesse en joie! En vous connectant à leurs fréquences bienveillantes, vous retrouverez l'espoir et la foi en la félicité prochaine quand bien même vous pourriez craindre que la situation soit sans issue.

MESSAGE

Pleurez sans honte, cela permet à votre corps d'évacuer le trop-plein de chagrin qui vous pèse. Les Aviens vous invitent à porter un regard neuf sur cette tristesse et à la reconsidérer comme étant un don de transmutation. Cet état émotionnel, s'il est vécu pleinement dans l'instant, est salvateur. S'il est, au contraire, cultivé et maintenu dans le temps, il pourrait se transformer en une forme de détresse insondable. Pour ne pas glisser dans ce versant, faites appel à l'énergie bleue des Aviens. Ils vous accompagneront sur le plan vibratoire dans cette traversée.

41. LES TAU-CÉTIENS
La fatalité

Destin ▲ Mauvais sort

QUI SONT LES TAU-CÉTIENS ?

Êtres de la 5e dimension, les Tau-Cétiens sont des techniciens et des scientifiques qui travaillent exclusivement au service de l'alliance galactique. Pour eux, seul compte le résultat et ils se donnent les moyens de réussir. Sachant rebondir en toute situation, ils relativisent énormément et ne se laissent jamais abattre, quels que soient les obstacles qui obstruent leur chemin.

MESSAGE

La fatalité est une étape que notre âme a volontairement mise sur notre chemin pour que nous évoluions intérieurement. Les Tau-Cétiens vous conseillent de ne pas lutter contre la fatalité, même si parfois elle peut être aussi tranchante que la lame d'un couperet. Plus on avance en corrélation avec son âme, plus on s'aperçoit que la fatalité est bien souvent un atout insoupçonné. Quand elle se présente sur notre chemin de vie, elle met un terme à quelque chose qui n'a plus lieu d'être et qui entre en conflit avec notre destinée. Elle déconstruit pour reconstruire sur des bases plus adaptées. Les Tau-Cétiens vous accompagnent énergétiquement et vous recommandent de privilégier la tranquillité d'esprit à la lutte en cet instant.

42. LES VÉGALIENS
L'image de soi

Perception ▴ Regard sur soi

QUI SONT LES VÉGALIENS ?

Êtres de la 5e dimension, les Végaliens considèrent leur corps physique comme un temple intérieur. Ils aiment tout ce qui touche à l'esthétisme. Non pas pour flatter leur ego mais par pur amour de la forme. Leur rôle auprès de nous consiste à nous protéger de toutes les ondes, ou énergies qui polluent notre environnement et notre planète. Ils chérissent l'idée que l'humain puisse se regarder avec bienveillance, vibrant ainsi la meilleure version de son être.

MESSAGE

Les Végaliens viennent mettre l'accent sur les rapports que vous entretenez vis-à-vis de votre corps, de votre cœur et de votre âme. Vous vous êtes incarné sur Terre, pour vous-même avant toute autre chose. Plus vous cultiverez de pensées positives envers vous, plus le monde ne fera que confirmer que vous êtes un être exceptionnel et bienveillant! Conseil: ne vous détournez pas de qui vous êtes au profit de l'autre. Votre originalité, votre personnalité et votre intuition comptent comme autant d'atouts qui sont présents pour vous aider à vibrer cette merveilleuse personne que vous êtes! Les Végaliens insistent sur le fait que s'aimer ne sous-entend pas que l'on doive verser dans le narcissisme. Quand on s'aime et que l'on s'accepte pleinement, nul besoin de le crier sur tous les toits, les autres le ressentiront sans que vous n'ayez besoin de prononcer un seul mot.

43.
LES HYPERBORÉENS
Les entraves

Pensée limitante ▲ Peurs ▲
Emprisonnement

QUI SONT LES HYPERBORÉENS ?

Êtres de la 4e dimension, vieux ennemis des Annunakis, en raison d'une guerre qui les opposa; une grande partie de leurs effectifs fut détruite durant cet affrontement. Contraints de revenir à une technologie peu avancée, ils furent dans l'obligation de faire de lourdes concessions. Entravé dans son expansion et forcé de se cacher pour survivre, ce peuple à qui tout réussissait jusqu'alors et qui avait atteint des sommets dans bien des domaines s'est retiré dans des galaxies lointaines. Leur douloureuse expérience fait qu'ils ne gardent que peu d'interactions avec les peuples galactiques qu'ils jugent dangereux pour leur évolution.

MESSAGE

Il arrive que l'on se sente bloqué dans notre vie. Comme si chaque action que nous mettions en place n'aboutissait à rien. Quand cela se produit, on se questionne rarement sur les peurs conscientes et inconscientes qui pourraient agir comme un frein. Comme le dit la célèbre maxime: « Aide-toi, le ciel t'aidera. » Reprenez les rênes de votre existence en remisant au placard vos peurs de la solitude et du jugement. Vous le savez au fond de vous, la situation présente demande un changement immédiat. Plus vous irez vers votre moi profond et plus votre âme mettra tout en œuvre pour vous permettre de retrouver cette autonomie d'action qui vous manque tant. Les Hyperboréens se présentent à vous pour que vous compreniez l'importance de ne jamais laisser les autres décider à votre place. Ils en ont fait les frais et leur histoire a pour morale que la voie de la liberté est pavée des pierres de nos propres ressentis.

44. LES FÉRENDMIS
L'attente

Temps ▴ Patience

QUI SONT LES FÉRENDMIS ?

Êtres de la 25e dimension, les Férendmis ont choisi une incarnation de solitude et d'initiation visant à les faire accéder à des plans supérieurs. Travaillant quotidiennement sur la compréhension de leurs anciennes incarnations, ils transmutent et épurent leurs vies passées, tout en reprogrammant leur âme et leur ADN. Cette vie initiatique de solitude et d'introspection est longue et silencieuse. Chacun vit sur une planète dont il est le seul habitant avec pour seuls compagnons la nature et le chant de leur âme.

MESSAGE

À certains moments, une heure peut sembler durer une éternité et inversement. Si vous vous trouvez dans cette phase d'attente interminable et que vous aimeriez que les grains du sablier tombent à une cadence plus soutenue, dites-vous bien que l'attente est parfois nécessaire à une meilleure compréhension des événements qui jalonnent notre vie. Avec le recul, nous comprenons même parfois tout ce qui se jouait dans cet intervalle et, à la lumière du déroulé de notre vie actuelle, nous nous accordons à reconnaître que notre âme avait eu bien raison de nous imposer ce « contretemps » salvateur. Les Férendmis, dans leur grande sagesse, vous invitent à lever le voile de votre mental sur la situation actuelle qui semble ne pas avancer comme elle devrait. Ne dit-on pas que toutes les routes mènent à Rome? Votre âme aura toujours à cœur de vous faire avancer de la meilleure façon possible même si parfois les choses ne vont pas assez vite à votre goût. Il n'y a pas de course vers soi, simplement l'énergie de l'instant T.

45. LES MASTÉRIENS

La douleur

Maladie ▲ Peine ▲ Afflictions

QUI SONT LES MASTÉRIENS ?

Êtres de la 3e dimension et peuple de pirates de l'espace sans foi ni loi, opérant principalement dans les zones de planètes de la 2e dimension, les Mastériens attaquent et pillent tout ce qu'ils peuvent et pratiquent le commerce d'esclaves avec les Draconiens. Ils n'ont pas de planète qui leur soit propre et vivent sur des vaisseaux cargos transportant leurs marchandises qu'ils revendent au plus offrant. Peu nombreux et dispersés aux quatre coins de la galaxie, ils opèrent indépendamment les uns des autres (et cela en raison de leur incapacité à s'unir sous une même bannière). Il y a fort longtemps, une maladie décima les trois quarts de leur population qui périrent dans des douleurs atroces. Les survivants durent quitter leur planète devenue inhabitable. Sans foyer, ils choisirent de devenir pirates et contrebandiers pour survivre.

MESSAGE

La douleur est éprouvante. Les Mastériens sont un peuple galactique qui aime infliger la douleur à autrui et en cela cette carte vous rappelle que plus vous êtes dans la douleur, plus votre âme et votre entourage le sont aussi. Lorsque cet état se manifeste à nous, il nous exhorte à transmuter des émotions qui se sont accumulées depuis trop longtemps et qui ne sont ni bonnes pour notre corps, ni profitables à notre esprit.

46.
LES RETICULIENS
La nervosité

Vol ▲ Perte

QUI SONT LES RETICULIENS ?

Êtres de la 3e dimension, les Reticuliens sont un peuple nomade ouvertement voleur qui n'a aucun état d'âme à piller, tels des pirates des airs, les vaisseaux qui circulent dans les espaces commerciaux. Particulièrement nerveux et individualistes, ils ne sont pas pour autant méchants, mais se servent de tout ce qu'ils peuvent accumuler et prendre chez les autres pour leurs propres intérêts.

MESSAGE

Vous éprouvez actuellement une période de nervosité émotionnelle. Le sentiment d'énervement provient la plupart du temps de la sensation que quelque chose vous échappe ou que ce que vous croyiez acquis ne l'est pas. Laissez vos émotions couler en vous comme le flux d'une rivière et ne cherchez pas à contrôler les ressentis qui s'imposent à vous. Cependant, ne les laissez pas prendre le dessus. Si les Reticuliens se présentent à vous, prenez du recul et observez votre problématique du moment sous le prisme du calme.

47. LES ÊTRES DU SOLEIL
L'adversité

Épreuves ▲ Détermination ▲ Foi

QUI SONT LES ÊTRES DU SOLEIL ?

Ce peuple de la 80e dimension (l'une des dernières avant de rejoindre celle de la source divine) est l'une des dernières incarnations dites humanoïdes. Les Êtres du soleil ont la capacité de changer de forme à volonté et font preuve de bienveillance à l'égard de tous les peuples de la galaxie.

Chez eux, pas de notion de bien ou de mal, ils estiment que toutes les expériences servent les âmes à évoluer vers l'amour christique. Dotés d'un extraordinaire pouvoir de transmutation, ils veillent à transformer nos énergies négatives en énergies positives. Leurs enseignements sont parmi les plus élevés que nous soyons en mesure de recevoir en cette période.

MESSAGE

Les Êtres du soleil vous recommandent de ne «rien lâcher». Vous traversez actuellement des épreuves qui peuvent vous sembler sans issue favorable. Vous avez l'impression que le sort s'acharne sur vous de manière injuste et répétée. Pourtant, à bien y regarder, cette épreuve de force est là pour vous faire grandir et a pour but de faire jaillir l'être solaire qui est en vous de manière que vous transmutiez l'ombre qui tente de vous déstabiliser. Rien n'est insurmontable dans votre chemin de vie, vous êtes ce flambeau dans l'obscurité qui éclaire de sa lumière et de sa force toutes les personnes qui vous entourent.

48. LES DRACONIENS
La destruction

Chaos ▲ Menaces ▲ Brutalité

QUI SONT LES DRACONIENS ?

Êtres de la 4e dimension. Malveillants, ils sont considérés comme les seigneurs des reptiliens. Ils tiennent sous leur joug des millions de mondes, laissés par les Alphas Draconiens, ennemis numéro un de l'alliance galactique. Ils sont présents dans de multiples mondes de la 3e dimension qu'ils contrôlent en sous-main, faisant preuve de menace et de manipulation.

Maîtres d'une flotte de vaisseaux galactiques très imposante, ils ne vivent que pour la destruction des peuples libres. Marchands d'esclaves, ils les utilisent comme main-d'œuvre pour la construction de leur palais et de leurs carrières de cuivre.

MESSAGE

Vous êtes vraisemblablement en proie à des émotions peu agréables. Vos peurs et votre mental ont pris le dessus et vous vous sentez comme prisonnier de votre propre forme. Cela peut se manifester dans votre quotidien par des addictions, des crises émotionnelles, ou des phases de mal-être. Conseil: ne laissez pas votre cerveau reptilien prendre le plein pouvoir, et reconnectez-vous dès à présent à votre cœur sacré.

49. LES CIAKARS

La colère

Agressivité ▴ Animosité

QUI SONT LES CIAKARS ?

Êtres de la 3e dimension et bras droit de l'empire des Draconiens, en tant qu'esclaves guerriers, ils ne vivent que pour la guerre. Totalement soumis à l'Empire draconien, et ramassant les miettes qu'ils veulent bien leur laisser, ils portent en eux une puce de contrôle qui empêche toute rébellion de leur part. Ils vivent dans un état de colère envahissant sur lequel ils n'ont aucune prise.

MESSAGE

Vous pourriez éprouver une forte colère. Une situation ou quelqu'un a pu provoquer cet état et vous avez de la difficulté à vous apaiser. Plutôt que de maintenir ce ressentiment, appliquez-vous à identifier ce qui se cache derrière cette irritation en posant les choses, dans le calme, et en tentant de comprendre ce qui se joue en réalité en coulisses. Dans la grande majorité des cas, les colères ne nous appartiennent pas. Elles sont majoritairement la résultante d'énergies transgénérationnelles ou de blessures intérieures non conscientisées. Elles doivent être vécues sur l'instant mais ne doivent en aucun cas s'installer durablement en vous, car elles pourraient à terme déséquilibrer vos vibrations.

50.
LES AQUAFARIENS
Les émotions

Sentiments ▲ Blessures ▲
Ressentis

QUI SONT LES AQUAFARIENS ?

Êtres de la 5e dimension, les Aquafariens sont les maîtres des océans. Ils peuplent tous les mondes sous-marins de l'univers. Particulièrement proches des baleines et des dauphins, ils communiquent uniquement par la télépathie. Les émotions sont une composante essentielle de leur quotidien. Selon eux, l'émotion est un prolongement de notre corps physique. Elle ne fait qu'un avec notre forme et notre âme.

MESSAGE

Présentement, un travail sur vos émotions semble propice à une meilleure vibration intérieure. Les Aquafariens nous rappellent que les émotions font partie intégrante de notre incarnation terrestre. Ils vous recommandent de maintenir vos flux énergétique et vibratoire élevés de sorte que brille d'une nouvelle lumière chaque instant qui compose votre vie. Nourrissez-les d'émotions positives! Quand bien même une émotion négative se présenterait à vous, laissez-la circuler librement, elle s'évaporera d'elle-même.

51. LES ALPHAS DRACONIENS

L'ego

Égoïsme ▴ Individualisme

QUI SONT LES ALPHAS DRACONIENS ?

De dimension inconnue, les Alphas Draconiens furent, pendant des milliards d'années, des colonisateurs de mondes. Prenant la forme d'immenses dragons, ils se considèrent comme des princes de position supérieure à tous les autres reptiliens. Leur ambition ? Maîtres du monde sinon rien! Ils fondèrent «l'empire du Dragon», et devinrent la plus grande menace de tous les peuples bienveillants après le peuple des Annunakis. Ils colonisèrent des millions de mondes, devenant ainsi les maîtres de l'Empire draconien. Lassés par ces innombrables guerres, ils laissèrent place, petit à petit, à la caste des Draconiens. Ces reptiles sont dotés d'une force moindre mais d'une plus grande mobilité, qui leur permit de se retirer dans des mondes reculés et de se défaire de cet amas d'ego accumulé au fil de ces milliards d'années.

MESSAGE

Les Alphas Draconiens pensent appartenir à une caste supérieure. Leur présence nous alerte sur le rôle que nous jouons parfois dans cette grande pièce de théâtre qu'est la vie et qui nous éloigne de l'essence de notre âme. La plus grande qualité du sage est l'humilité. Si le terme « ego » n'est pas un gros mot, il ne doit pas prendre une place démesurée dans nos vies. Lorsque nos paroles et nos actes s'alignent dans la justesse de notre être, l'image erronée que nous pouvons véhiculer à l'occasion s'efface au profit de l'intégrité. Si vous ne savez pas par quel bout commencer pour entreprendre ce travail, reconnectez-vous à l'enfant que vous étiez.

52. LES ALPHAS CENTAURIENS
La justice

Droiture ▲ Intégrité

QUI SONT LES ALPHAS CENTAURIENS ?

Peuple représentant de la justice au sein de l'alliance et de l'univers vibrant dans la 5e dimension. Après avoir connu une guerre dramatique dans leur monde qui les a marqués au plus profond de leur être, ils mirent des milliers d'années à transmuter les blessures d'injustice qu'ils avaient subies. Ils œuvrent aujourd'hui tant sur le plan physique qu'énergétique à rétablir la justice à la fois terrestre et divine dans les différents mondes dans lesquels ils interviennent.

MESSAGE

Les Alphas Centauriens vous encouragent à porter un regard juste sur votre personne. Cette carte évoque tout ce qui touche au tribunal de lumière qui se distingue du tribunal des hommes. Chaque mauvaise action, chaque réflexion empreinte de vibration négative a des conséquences sur votre vie et sur celle de votre entourage. Soyez en accord avec vos pensées et vos actes, dans le parfait équilibre énergétique de votre forme, pour éviter que vous ne tombiez dans une forme de déséquilibre intérieur.

53. LES FARAKIS

Le travail

Associations ▴ Entreprise

QUI SONT LES FARAKIS ?

Êtres de la 3e dimension, les Farakis sont des travailleurs acharnés. Toute leur structure de vie est basée sur leur carrière. Leur planète est semblable à une usine géante; constructeurs de vaisseaux et amateurs de technologies de pointe, ils fournissent de l'équipement et des matériaux de haute technologie à une multitude d'autres mondes galactiques.

MESSAGE

Les Farakis vous invitent à reconsidérer le mot « travail » souvent associé à l'effort. Pourquoi ne pas entreprendre ce travail, qu'il soit professionnel, amoureux ou spirituel, de manière à vous élever intérieurement ? Pourquoi ne pas voir le travail comme une voie d'évolution plutôt que de l'associer à une contrainte ? Voyez que chaque pierre posée dans votre vie vous amènera à bâtir le sanctuaire de l'existence que vous souhaitez voir se manifester à vous.

À PROPOS DE L'AUTEUR

Anatole Kerbrat est cofondateur avec Amélie Bonneval de la chaîne YouTube « Rayonnance TV » – la chaîne qui vous élève spirituellement – sur laquelle ils animent tous deux des conférences en lien avec la spiritualité, explorant ainsi de nombreux domaines.

Conférencier et cartomancien, Anatole a fait des mondes galactiques sa spécialité au fil des années. Il s'est reconnecté à ses énergies galactiques et propose aujourd'hui des guidances et des ateliers en ce sens.

www.rayonnancetv.com

pca
cmb
édition pré-presse
livres numériques

44400 Rezé